Einfälle, Ausfälle und sonstige Fälle des Zuchthäuslers und Zeugen

Wolfgang Dyck

BRENDOW VERLAG

CIP-Kurztitelaufnahme der Deutschen Bibliothek

Dyck, Wolfgang:
Einfälle, Ausfälle und sonstige Fälle des Zucht-
häuslers und Zeugen Wolfgang Dyck. — Moers : Brendow,
1984.
(Telos-Bücher ; Nr. 391 : Telos-Taschenbuch)
ISBN 3-87067-229-3

NE: GT ; HST

ISBN 3 87067 229 3
TELOS-Taschenbuch Nr. 391

früher erschienen im Verlag Hermann Schulte, Wetzlar
Titelgestaltung: Gerd Pels
Illustrationen: Egon Schwartz

Printed in Germany

Ein Spiegel zeigt uns, daß was fehlt, aber nicht, daß wir gefehlt haben; er zeigt uns etwas an uns, nicht uns selbst.

Philipper 3, 20: Daß die Füße unten sind, das hat schon seine tiefe Bewandtnis! Ist auch unser Wandel im Himmel, so ist doch unser Weg noch immer auf der Erde!

Die Logik des Kopfes hat ihre Form in Grund und Folge, die der Füße in Weg und Schritt! Jene denkt in Begriffen, diese bewegt sich im Ergriffensein.

Nur zerstreute Gemeinde ist das Salz der Welt.

Wer alles auf den Kopf stellen will, ist sicher nicht daran zu hindern; jedoch mit Köpfchen steht er nur, wenn er auf beiden Beinen steht.

Seelsorge: Manch einer kommt zu uns, wenn er zu sich gekommen ist, also ist das rechte Zusichkommen ein Besuch beim andern.

Jesus Christus ist der lebendige Grund aller theologischen Gründe, die bio-logische Folge daraus ist allein die Nachfolge!

Nachfolge umfaßt den ganzen Menschen, Nachdenken nur den Kopf. In der Nachfolge ist das Nachdenken mit drin, wogegen beim Nachdenken die Nachfolge nicht einmal ein Gedanke zu sein braucht!

Auch wer auf beiden Beinen steht, steht nicht immer seinen Mann, und wer seinen Mann steht, muß noch lange nicht unser Mann sein!

Wenn einer unbedingt auf Holz klopfen muß, soll er doch gleich seinen Kopf nehmen: das würde jedenfalls zur Etymologie des Wortes „bekloppt" beitragen.

Es ist schlecht bestellt um eine amputierte Gemeinde, die zwar Gott ihr Ohr leiht, ihm aber nicht ihre Hände und Füße schenkt!

Man faltet die Hände, aber niemals die Füße!

Eine Hand wäscht die andere! Gottes Hand aber wäscht die Füße!

Lukas 10, 3: Nicht einen Weg zu machen, sind wir da, sondern wir sollen uns auf den Weg machen!

Wir sollen hingehen — bedauerlicherweise sind unsere Füße aber Fortbewegungsmittel — immer weiter fort von Gott.

Nur von Gewandelten gehen Wandlungen aus, sagt Kierkegaard. Aber — nur der, der von sich ausgeht ohne von sich auszugehen, kommt bei andern an!

Nicht neue Formen und Formeln retten uns, sondern ein neuer Gehorsam!

Horchen und Gehorchen gehören zusammen wie die zwei Flächen ein und derselben Hand: wo die eine ist, muß die andere auch sein!

Nur der kann recht um Mitarbeiter beten, der selber ein Mitarbeiter ist.

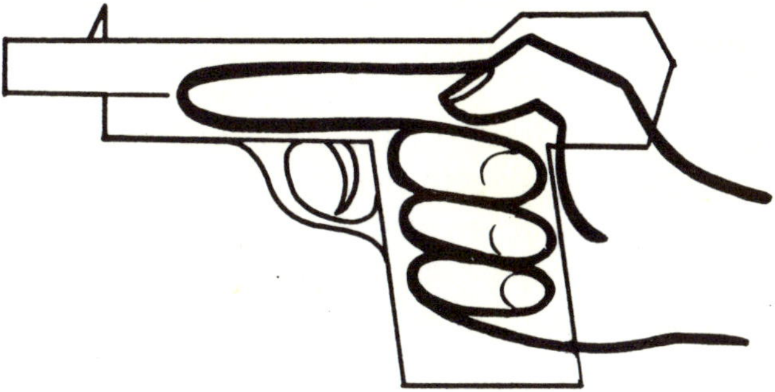

Der die Schuld abweisende Zeigefinger ist die Urform jeder Kanone und Pistole; das ist der Waffe gewordene Irrtum, daß, wenn der andere abgeschossen, dann unsere eigenen Probleme auch gelöst seien.

Wir sind nicht Sünder, weil wir sündigen, sondern wir sündigen, weil wir Sünder sind.

Die Feierlichkeit ist das letzte Kleid Satans.

Aus dem Bruch mit Gott folgen alle anderen Brüche: Ein- und Ehebrüche, Vertrags- und Friedensbrüche!

Credo: Ich weiß nicht, zu wem ich gehöre; ich glaube, ich gehöre nur mir ganz allein — haarscharf das nennt die Bibel Sünde.

Es kommt nicht zuerst darauf an, was der Mensch in der Hand hat, sondern wer ihn in der Hand hat!

Da Toleranz in der Technik Spielraum heißt, wissen jedenfalls die Techniker, daß sie damit nicht viel Raum haben, gewiß nicht so viel, daß da noch alles mögliche Platz hätte.

„O, daß ich tausend Zungen hätte und einen tausendfachen Mund!" singt die Gemeinde und wünscht damit etwas, was sie längst hat!

Ideen kommen aus den Köpfen der Menschen. Jesus Christus ist Person, vom Vater gezeugt!

Jesus geht voran auf der Lebensbahn! Darum nicht zurück zu Jesus Christus, sondern vorwärts Christi Streiter!

Im Geschrei der Welt wird ihre ganze Ziellosigkeit offenbar.

Beichte besteht aus zwei Wörtern: Ich bete — be-ich-te!

Ohne Anerkenntnis Gottes keine Erkenntnis Gottes. Zugelassen sind alle, aber nur wenige lassen sich darauf ein.

Ich kann auf Vorstellungen über Gott verzichten, seitdem sich Gott unter uns vorgestellt hat.

Die meisten Menschen kennen von der Bibel nur die Pappdeckel, und die sind wirklich das dunkelste an diesem Buch!

Es gibt Leute, die fünf Sprachen sprechen und haben trotzdem nichts zu sagen!

Wir haben Jesus Christus noch gar nicht erreicht, um sagen zu können, er reicht nicht!

Manch einer hat die Hände voll zu tun, und doch ist sein Leben so leer.

Gedankenblüten offenbaren, wo einer verwurzelt ist.

Christenpflicht: Wir sollen die Versammlung nicht verlassen, aber das Sammeln könnten wir lassen!

Vom Christsein gibt es keinen Urlaub, doch Ferien vom Ich zu haben, das heißt wirklich Christsein.

Die Beine in die Hand nehmen ist besser als gute Gedanken mit Füßen treten.

Du brauchst deinen Verstand nicht bei der Garderobe zurückzulassen, wenn du glauben können willst, sonst wäre die Dummheit die sicherste Tür zum Himmel!

Es gibt eine Toleranz mit zwei „L" geschrieben!

Es ist dir gesagt, Mensch, du sollst dich nicht auf deinen Verstand verlassen! Es ist dir nicht gesagt, Mensch, du sollst deinen Verstand verlassen!

Ausleben ist mehr als Auslegen. Das eine bringt erfülltes Leben, das andere füllt nur deinen Bücherschrank.

Schrank und beschränkt liegen nahe beieinander. — Hat doch Martin Luther nicht gesungen: Das Wort sie sollen lassen stahn — im Schrank!?

Der Mensch schafft keine Erlösung, sondern letztlich nur Endlösungen. Was vom Menschen ausgeht, das endet auch bei ihm.

Entscheidung heißt Scheidung.

Niemand hält sich die Augen zu, wenn's im Raume stinkt, es bedarf auch keiner besonderen Genehmigung, riechen zu dürfen, wenn du eine Nase hast. Hast du Verstand, dann wird er denken.

Wer aus dem Fenster springt, ist schneller unten; wer die Treppen benutzt, bleibt heil.

Mit gefalteten Händen hat noch nie einer den anderen geschlagen.

Wenn Wasser allein uns retten könnte, dann brauchten wir nicht so sehr die Kirche als viel mehr die Feuerwehr.

Der Esel war immer unter Christus, so wollen wir lieber Esel mit Christus als kluge Leute ohne ihn sein!

Wohl der Gemeinde, die verfolgt wird, es könnte ein Saulus auf ihren Fersen sein!

Wer unsere Verse singt, sollte auch auf unsern Fersen sein!

Wir sollen dem andern nicht auf dem Magen liegen und auch nicht auf die Nerven gehen, sondern vor Gott liegen und seinen Weg gehen.

Für eine Lustsekunde hat mancher die Ewigkeit verspielt.

Wir stellen alles in Frage, nur uns selber nicht.

„Wenn ein Affe in ein Buch schaut, kann kein Professor herausschauen", sagte Professor Lichtenberg. Aber wenige wollen es wahrhaben, daß der erste Mensch nicht der letzte Affe war. Denn der schaut als Mensch in die Bibel und meint, so allein könne ein Christ herausschauen.

2. Könige 5, 9 und 14: Hoch zu Roß kommt man nur vor die Tür, wer durch die Tür will, der muß absteigen!

Das Kreuz an der Wand und „Betende Hände" von Dürer an der Wand und überhaupt alles nur Auswendige, das ist ein aufwendiges Christentum.

Zweifle an allem! Aber, bitte, zweifle auch dich selber an, es könnte doch sein, daß du nur deshalb alles schief siehst, weil du selber schief liegst, und manch einer liegt sehr schief!

Nur die gehören zu Jesus Christus, die auf ihn hören.

Zucht und Sucht liegen nahe beieinander, man braucht nur den falschen Anfang zu erwischen.

Auswendig gelernt ist's schneller als *inwendig* gelebt.

Jeder Welt außer mir entspricht ein Organ in mir. Dem Licht die Augen, den Geräuschen die Ohren. Fehlt ein Organ, dann fehlt eine ganze Welt. Niemand riecht mit den Augen und sieht mit den Ohren. So kann auch keiner mit dem Verstand Gott erkennen; das eine zu versuchen, wäre so töricht wie das andere auch nur zu wollen. Hier gilt die Arbeitsteilung. — Das Organ, die Wahrheit Gottes als wahr zu erkennen, ist der Heilige Geist, er führt in alle Wahrheit, und seine ihm zugeordnete Wahrheit ist die Person Jesus Christus.

Du sollst nicht dich überschlagen, sondern die Kosten!

Der Zulauf der Massen ist der Kirche nicht verheißen, aber zu den Massen zu laufen, das ist ihr befohlen!

Gott hat uns einen Namen gegeben: wenn wir uns einen Namen meinen machen zu müssen, ist das nur der Beweis dafür, daß wir die Gabe Gottes verloren haben.

Viele lassen sich trauen, ohne sich zu trauen.

Mit der Oberfläche der Hand hat noch nie jemand etwas ergriffen, und ergriffen wirst du auch nie nur oberflächlich.

Man sollte keine Ehe haben, ehe man Ehe hat.

Hätte die Kirche so viel Heiligen Geist wie sie Geld hat, dann wäre die Welt um eine Hoffnung reicher.

Gott fordert von uns immer nur, was wir können, alles andere tut er!

Wer sein Leben für sich behält, hat keinen Halt.

Wenn einer tut, was er muß, tut er seine Pflicht — ein Christ tut mehr, als er muß.

Der Blinde sitzt am Wege, der Christ ist auf dem Wege, er ist Mensch des Weges, er ist unterwegs.

Die Ohren hat Gott so angebracht, daß eigentlich niemand darauf sitzen kann.

Nicht dein Stammsitz in der Kirche macht dich zum Christen, sondern Christus mit Sitz in deinem Leben!

Wir können uns das Leben nehmen, gegeben haben wir es nie!

Gott hat uns in der Hand, niemals in der Faust!

Ergriffen sein ist mehr als begriffen haben!

Jesus Christus war mit Händen und Füßen an den Willen Gottes festgenagelt: dieses Festsein bringt uns die Freiheit.

Unsere Freiheit nimmt sich nur Freiheiten heraus. Seine Gebundenheit bringt uns Freiheit ein!

Beim Glauben ist es wie beim Autofahren: man ist ganz drin und fährt, oder man macht keine Erfahrungen.

Die große Freiheit, die wir meinen, ist oft nichts anderes als die große Gebundenheit an uns selber.

Kettenreaktion: Selbständig, selbstherrlich, selbstgerecht, selbstsüchtig — Selbstmord.

Nur wer zu Boden geht, vernimmt das „Stehe-auf"!

Wessen Eigentum? — Eigensinnig, eigenständig, eigenwillig, kann Gott dann noch mit dir machen, was er will, oder machst du mit ihm, was du willst? —

So ist man Christ: Ganz Ohr! Zuhörend, hinzugehörend!

Christen sind Menschen des Weges. Sie sind unterwegs: normalerweise haben Menschen mit kleinem Verstand unnormal große Füße: also keine Ausrede!

Sie nennen es Fortschritt, und es ist auch einer: immer weiter fort von Gott.

Verbrechen hat mit Brechen, mit Bruch zu tun, und im Verbrechen wirds sogar den Menschen einsichtig, daß wir ein gebrochenes Verhältnis zu Gott haben.

Viele wollen in Afrika missionieren — Afrika ist hier.

Adam und Eva. Bis zum Griff nach der Frucht bekleidete sie der Gehorsam, das war ein von Gott geschneiderter Maßanzug; dann aber holten sie sich den Ungehorsam in ihr Leben, mit diesem Anzug kamen sie an allen Enden zu kurz.

Es gibt eine ausgebildete Einbildung und eine eingebildete Ausbildung.

Nicht wer recht hat, sondern was Recht ist, das ist die Frage.

Jesus Christus begab sich freiwillig dorthin, wo wir, nach unseren Taten hingehörend, nicht einmal unter Zwang hinzubringen sind: ganz unten.

Unten sind wir außer Konkurrenz!

Das Kreuz als Zeichen der Christenheit ist das exakt mathematische Plus- und Gütezeichen: das Zeichen der Güte Gottes: Plus.

Matthäus 27, 5: Der Selbstmord ist eine Sackgasse, kein Ausweg.

Fragen, die keine Antwort zulassen, sind Antworten, die nicht gefragt sind.

Der Pflug, der wird gezogen, nur deine Hand am Pflug, das zieht nicht!

Wo nur Vergangenheit in die Gegenwart hineinwirkt, da versperrt das Gestern im Heute das Morgen, da hemmt die Akte die Aktionen!

Nicht neue Methoden und Wege retten die Kirche, sondern ein neuer Gehorsam auf dem einen Weg: Christus, der Herr!

Christen sind keine Erfolgsroboter, keine Bekehrungsmaschinen, sondern Arbeiter auf Hoffnung und Befehl.

Wir sollten laut Befehl Gottes den Tieren Namen geben. Wo wir hingekommen sind, sieht jeder schon an den Namen, die wir uns geben, uns geben müssen, weil wir unseren Namen verloren haben.

Es holt sich keiner eine Brille, wenn er sich für sehend hält; das aber ist des Kurzsichtigen Verderben.

Modern und Mo**dern** sind zweierlei, nur die Betonung wird entscheidend sein.

Mißverständnis: „Die Sach' ist dein, Herr Jesus Christ, die Sach' an der wir stehn, und weil es deine Sache ist" . . . können wir ruhig schlafen gehn!

Wir sind nicht in Christi Wundern, sondern in seinen Wunden geheilt.

Jesus am Kreuz, das ist der Blitzableiter des Zornes Gottes.

Die Wüste macht geschwollene Zungen; darum: wo geschwollen geredet wird, ist Wüste!

Lassen wir uns das Grundlegende nicht zur Grund-Legende machen!

Die beste Erziehung ist umsonst, wenn der zu Erziehende nicht mitzieht.

Auch uneheliche Kinder hat Gott vom Mutterleibe an zubereitet.

Das gefährlichste Tier ist der Mensch: eine Intelligenzbestie: eine Bestie nun auch noch mit Intelligenz.

Nur der Mensch mordet mit System: tierisch kann man dazu nicht mehr sagen.

Volk des Eigentums: Eigentumsrechte bedingen Verfügungsrechte: wer verfügt über dein Leben?

Bei Gott kann keiner etwas werden! Auch nicht selig werden: wir werden selig gemacht!

Wir sollen den Leuten nicht den Kopf, sondern die Füße waschen!

Ein neues Lied in den Herzen der Christen würde manche neue Orgel in der Kirche überflüssig machen!

Jesus Christus war der erste Protestant. Aber sein Protest war nicht nur kontra, sondern auch pro: für dich und mich.

Gefallen ist gut — aber Auffallen-müssen liegt nahe beim Umfallen-werden.

Wir sollten porös sein, durchlässig, nicht im Wege stehen und nicht vor der Tür! Denn durch die Jünger will Jesus zu jedermann, und jedermann soll durch die Jünger zu Jesus kommen, weil er allein von Gott kommt und zu ihm führt.

Du fragst empört: Muß man denn alles schlucken?! Du kannst auch spucken, bevor du dich verschluckst.

Wir werden alles haben können ohne Jesus, nur Gott nicht.

Wenn theologisches Wissen uns retten könnte, wir müßten alle gerettet sein!

Wir brauchen in der Kirche nicht neues Gestühl, sondern neue Menschen!

Der anstößige Mensch ist wie der Blinde; er kommt nur durch Anstoßen vorwärts.

Euphemismus: Sich von Gott abwenden, das heißt sich ihm entwenden — das ist unser aller Diebstahl!

Gott hat die Vorentscheidung, uns bleibt nur die Entscheidung für das, was er schon im voraus entschieden hat. Uns bleibt allein die Rückschau, wir können Gott nur nachsehen, von hinten sehen!

Der Nichtchrist ist wie der Blinde: er hat vielleicht auch einmal die Hände voll, aber sein Blick und Herz sind und bleiben leer.

Grundgesetz: Sie gaben weiter und sammelten trotzdem ein.

Nichts ist verwerflich, was mit einem an Gott gebundenen Gewissen dankbar empfangen werden kann.

Der Dank ist der Maßstab meiner Gottesnähe oder -ferne.

Dankbarkeit ist ein göttlicher Grundsatz zum Finden Gottes und Bleiben in ihm, das heißt in seinem Sohn, in seinem Wort, in seiner Gemeinde.

Der Zweifel ist die Kontraposition gegen den einenden Gott.

Viele sind bereit, aber wenige sind fähig: hier liegt die Aufgabe des Lehramtes.

Jesus Christus ist der einzige, der aus Gehorsam starb.

Nicht das In-die-Kirche-gehen ist das erste, sondern daß die Kirche endlich geht, ist vordringlich!

Jeder Christ ein Missionar: eine wandelnde Bibel auf zwei Schuhsohlen, ein offener Brief, zu lesen für jedermann — ein Eilbrief!

Eine Lebensaufgabe ist auch Aufgabe des Lebens: Hingabe an eine Aufgabe.

Die Sünde kommt vom Fürsten in der Luft, der in unserem Blut den sichersten Verbündeten hat.

Die bleiben bei der Stange, die nicht von der Stange sind.

Wir werden von Gott nicht überzeugt, sondern überführt; Gott ist kein Ideologe, er ist ein Richter der Herzen und Sinne.

Nicht Priester sollen Arbeiter auf Zeit werden, sondern Arbeiter Priester auf ewig!

Arbeitsmoral: Ein guter Arbeiter ist seines Lohnes wert. Aber ist das noch der gute Arbeiter, der bei geringstem Einsatz den größten Lohn haben will? Die verbrecherische Konsequenz solcher Arbeitsmoral heißt: Gar keine Leistung und trotzdem alles!

Jeder stirbt für sich alleine, weil jeder für sich alleine gelebt hat.

Ständeordnung: Meinen irdischen Beruf kann ich mir selber wählen, meinen Christenstand nicht. Meinen irdischen Beruf kann ich wechseln, ohne schuldig zu werden, ja, ich kann mich dadurch sogar verbessern. Irdische Berufe kann ich zwei und mehr haben. Berufen, Christ zu sein, wird man nur einmal — und das ein für allemal.

Du sollst den Leuten nicht auf den Wecker fallen, sondern auf deine Knie!

Die Augenblicke sind so entscheidend: die Blicke der Augen.

Es gibt Fragen, die deshalb keine Fragen sind, weil der Frager im voraus weiß, daß der Befragte keine Antwort hat, keine haben kann.

Wenn ihr nicht werdet wie die Kinder! Das sind Menschen ohne eigene Vergangenheit: voller Zukunft, voller Hoffnung!

Aus dem Verdienen gerufen zum Dienen.

Psalm 50, 23: Wir verdanken alles Gott oder uns: das eine ist Demut, das andere Stolz.

Vielleicht beten deshalb so wenige Menschen, weil das Beten schon das Eingeständnis unserer Armut ist.

Schreien ist ziellos: Gott schreit nie, er ruft! Er ruft dich.

Gott haßt die Sünde bis aufs Blut, sogar bis aufs Blut seines eigenen Sohnes: Ohne Blutvergießen keine Vergebung: entweder sein Blut oder unser Blut!

Hilf dir selbst, so kann dir Gott ganz bestimmt nicht helfen!

Jesus Christus hat nicht das Sterben überwunden, sondern den Tod; gestorben ist er nicht einmal so schön wie Sokrates.

Wer nur auf sich gegründet ist, der steht auf einem Abgrund.

Die von Gott Geschickten, die macht er auch geschickt.

Evolution: Irrsinn: Irrtum: Irrwege.

„Auf, denn die Nacht wird kommen!" singen viele und bleiben dennoch in der Finsternis.

Bei Gott ist geteiltes Brot ganzes Brot.

Alles haben sie sich untertan gemacht, nur sie selbst sind über!

Bei vielen sogenannten Christen sind ausschließlich fest nur noch die Feste!

Christen sind verrückt! Nämlich vom eigenen Standpunkt weg: von der Finsternis ins Licht.

Das Wort im Wasser bleibt, nicht das Wasser.

Wort, Antwort und Verantwortung, wer wollte sie trennen und sagen, er sei am Worte Gottes!

Viele sind allzu schnell in Offenbarungen zuhause, wo sie nicht einmal das Evangelium gehört haben!

Christen sind rückständig! Wie rückständig sind aber erst die, die keine Christen sind!

Die auf großem Fuß leben, gehen meist auf krummen Wegen. Gott schreibt zwar auch noch auf krummen Wegen gerade, jedoch schreibt gerade er vor, daß man die krummen Wege meiden soll.

Auch du hast dein Schicksal in der Hand! Gewiß, denn auch du kannst Hand an dich legen.

Wenn wir jemand Blicke hinterherwerfen, fliegen wir selbst auch bald hinterher.

Psalm 81, 11: Tue deinen Mund weit auf! Und wer hätte keinen!

Der Mensch hat viel in seiner Hand, nur Gott ist ihm abhanden gekommen.

Indem ich mir aufmerksam merke, was Christus sagt, werden mir andere anmerken, daß ich ein Christ bin.

Die Dichtung aus dem Nichts sagt nichts: „nichts" läßt sich nicht steigern.

Wer seinen Halt in Gott hat, hat das richtige Verhalten.

Der Gesandte ist von der Botschaft her identisch nur mit dem, der sendet!

Das Gesetz ist eine Seinsbeschreibung: „Du sollst nicht!" besagt nur, daß ich allzu gerne will!

Seit von der Frucht im Paradies gegessen wurde, seitdem sie verzehrt ist, ist alles verzerrt!

Es ist Gefahr im Anzug, und das vor allem im christlichen!

Das Boot verlassen ist unbo(o)tmäßig. Und wer auf den Musikdampfer umsteigt, sollte die größere Angriffsfläche nicht vergessen.

Netze sollen wir rauswerfen, nicht Menschen!

Auch bei regstem Verstand können einem die Füße einschlafen.

Wir sollen nicht Bücher in der Kirche führen, sondern Menschen in die Kirche führen.

Jemandem nachzugehen ist mehr als ihm nur nachzudenken!

Playboys sind keine verspielten Kinder, sondern verspielende Erwachsene.

Die Peripherie hat eine Mitte, und nur eine!

Lukas 10, 40-42: Manch einer hat die Hände voll zu tun, und doch ist sein Leben so leer.

Gott gibt Leben — wir die Lebenshilfe!

Diskutieren? Ob ein Stuhl hält, was er verspricht, nämlich, eine Sitzfläche zu sein, wird nicht durch Diskutieren festgestellt, sondern, indem man sich draufsetzt.

Bohrende Fragen stellen heißt sich zu den Verbohrten stellen. Verbohrt aber bedeutet: falsch gebohrt, nicht in die richtige Richtung gebohrt.

Die Wahrheit Gottes ist nicht eine Idee, sondern eine Person.

Ein Christentum ohne Christus ist wie eine Kerze ohne Flamme.

Markus 10, 52: Wer Gott nachsieht, hat nicht das Nachsehen.

Ohne den Schöpfer ist das Geschöpf bald erschöpft.

Gott ergreift uns auch da, wo wir ihn nicht begreifen.

Was nicht vom Himmel kommt, wird auch dort nicht ankommen.

Sagt einer: „Ich kann dich nicht riechen!", so weiß ich, daß das zum Himmel stinkt! Warum? Weil der Wohlgeruch Christi fehlt, er ist die Liebe!

Für viele ist Hochzeit nur höchste Zeit.

Du sollst auf dem Wasser gehen, nicht auf das Wasser sehen!

Die Begrenzung der Menschlichkeit des Menschen ist der Mensch.

Stil?

STILL!

Es heißt nicht: Wenn du doch einen neuen Stil haben könntest! — sondern: Wenn du doch still sein könntest!

Hebräer 10, 29: Seinen eigenen Weg gehen, das heißt Jesus mit Füßen treten.

Man kann auch ohne Füße seinen Weg gehen, ganz gewiß aber Seinen Weg.

Lieber Plattfüße als platte Gedanken.

Das ist auch ein Fehltritt, wenn du dir nur auf deinem Standpunkt die Füße vertrittst!

Auf der Stelle treten kann man auch mit langen Schritten.

Wenn wir am Ende sind, macht Gott seinen Anfang. Wo wir einen Punkt machen wollen, macht Gott sein Kreuz.

Gott hat aus dem X ein Kreuz gemacht. X heißt unbekannt. Im Griechischen ist X der Anfangsbuchstabe für Christus.

Vom Knast zur Kanzel

Elf Jahre im Gefängnis

Ich lernte Wolfgang Dyck 1961 in Norddeutschland kennen. Als ich mit ihm durch Hamburg fuhr, zeigte er auf verschiedene Tankstellen und Geschäfte und sagte: „Dort habe ich eingebrochen." Und als rechts der Straße ein großes Gefängnis zu sehen war, gestand er: „Hier habe ich viele Jahre ‚Knastologie' studiert." Elf Jahre seines Lebens hatte er hinter Gefängnis- und Zuchthausmauern gesessen, und nun erlebte ich ihn auf der Reeperbahn, in der Pennerkirche und auf dem Hauptbahnhofsvorplatz als einen überzeugten Christen, der stundenlang den Straßenpassanten von der Notwendigkeit einer Entscheidung für Christus predigte. Obwohl er damals noch als Lagerarbeiter in Hamburg arbeitete, benutzte er jede freie Stunde zur Verkündigung des Evangeliums. Seine Kanzel war die Straße.

Ich weiß noch, wie er sagte: „Früher habe ich über die Bibel gelacht, und heute besitze ich mehr als 10 Bibeln in verschiedenen Übersetzungen." Von mittags um zwei bis Mitternacht predigte er fast ununterbrochen samstags und sonntags auf dem Bahnhofsvorplatz, und er war der Einzige, dem die Bundesbahn dies erlaubte. Heiß ging es in den Diskussionen her. Viele lachten im Vorübergehen über ihn, doch wer ihm länger zuhörte, wurde still und nachdenklich, denn er beherrschte das Vokabular der Knastologen, Zuhälter, Penner und Halbstarken genauso wie Formulierungen von Kierkegaard, Weizsäcker und Bibelstellen. Ich lud ihn damals ein, bei unserer Evangelisation in Wissen an der Sieg mitzuarbeiten. Er war ein hervorragender Schauspieler in unseren dargebotenen Sketchen. Immer wieder zog es ihn nach den Veranstaltungen in die Gastwirtschaften, um mit den jungen Leuten zu diskutieren, und nicht selten erzählte er die Geschichte seines Lebens.

Dann wurde etwas neu bei mir

„Bis zu meinem achtundzwanzigsten Lebensjahr fragte ich weder nach Gott noch nach der Not meiner Mitmenschen. Ich ging meinen eigenen Begierden und Wünschen nach. Die Folge war, daß ich mit dem Gesetz in Konflikt kam und zuletzt wegen versuchten Mordes sechseinhalb Jahre im Zuchthaus saß. Am 10. Februar 1958 wurde ich mit Bewährung entlassen. Ich war von meiner Strafe so schockiert, daß ich mir fest vorgenommen hatte, keine kriminellen Delikte mehr zu tun. In einem Wohnheim der Heilsarmee hörte ich fromme Lieder, hörte Gottes Wort und entdeckte, daß diese von mir oft verlachten Christen doch etwas hatten, was mir fehlte.

Während ich mir in Frankfurt eine neue Existenz aufbauen wollte, wurde ich zu einer Tagung der Heilsarmee in Stuttgart eingeladen. Ich war nicht dagegen, aber Geld hatte ich ja auch nicht. Ein junger Christ zahlte hinter meinem Rücken die Fahrkarte, und so hatte ich keine Ausrede mehr, warum ich nicht nach Stuttgart fahren sollte. Dort war es an einem Samstagabend, als ich mein Leben Gott übergab.

Entscheidung mit Konsequenzen

Von jetzt ab wollte ich als Christ leben und Jesus nicht nur lieben, sondern ihm auch gehorsam sein. Ich wußte genau, daß diese Entscheidung für mich Konsequenzen hatte. Trotz guter Vorsätze hatte ich nach meiner Entlassung bereits wieder eine Straftat verübt und nun, als Christ, mußte ich diese in Ordnung bringen. Die Angst war groß. Ich befürchtete eine neue Verhaftung, beschloß aber, das Diebesgut zurückzubringen. Wenn ich heute zurückdenke, so muß ich staunen über das maßlose Vertrauen auf Gott, das ich damals aufbrachte; und Gott ließ mich nicht zuschanden werden. Er ging wirklich vor mir her und nahm meine Probleme in seine Hand, wie es die Bibel sagt. Als ich mich bei den Kaufleuten als der Dieb vorstellte, waren sie sehr erstaunt. Ich erklärte ihnen, daß Jesus Christus mich überführt hätte, und ich deshalb das gestohlene Gut zurückbringen müßte. Das konnten die Herren nicht begreifen. Während des Gespräches fragte einer der Männer: ‚Was sollen wir tun? Wir haben eine Anzeige aufgegeben. Sie müssen, wenn Sie vor den Richter kommen, nach ihrem Lebenslauf gemessen, mit einer hohen Strafe rechnen, unter Umständen sogar mit Sicherheitsverwahrung.' Das wußte ich. Doch dann fing der Mann, den ich bestohlen hatte, an, meine Situation zu bedenken. Er fand einen Weg, die Anzeige zurückzunehmen. Und ich wußte, was diese geschenkte Freiheit für mich bedeutete. Ich erfuhr, welch eine Freude es ist, wenn man seine Schuld vor Gott und den Menschen bekennt und sein Leben an den Maßstäben des Wortes Gottes orientiert.

Für mich gibt es keine größere Traurigkeit als die, daß ich achtundzwanzig Jahre meines Lebens in die Gosse geworfen habe statt in der Verantwortung vor Gott zu leben. Heute darf ich Menschen die frohe Botschaft und die Freiheit in Christo verkündigen und bin dabei sehr glücklich!"

Dann, am Dienstag, dem 17. Februar 1970 war es soweit. Presse und Fernsehen meldeten, daß durch einen Unfall auf der B 414 zwischen Herborn und Nister-Möhrendorf im Westerwald der neununddreißigjährige Evangelist Wolfgang Dyck und sein zwanzigjähriger Assistent Christoph Gölz tödlich verunglückten. Ein katholischer Kaplan sagte während der Trauerfeier von der Kanzel: „Ich habe Wolfgang Dyck gehört, wie er in einer Schulveranstaltung überzeugt zu meinen Schülern sprach. Die Frage, woher er die innere Kraft nahm, so überzeugt zu reden, ließ mich nicht los, ja, veränderte mein Leben so, daß ich ihn zu Evangelisationsvorträgen in meine Gemeinde holte, und ich verdanke ihm Entscheidendes für mein Leben."

Es gibt keine hoffnungslosen Fälle

Es gibt viele Leute, die voreilig über einen Menschen sagen: „Bei ihm ist Hopfen und Malz verloren." So kann nur einer reden oder denken, der Gott nicht kennt. Das Leben Wolfgang Dycks ist ein Beweis dafür, daß kein Mensch zu schlecht ist für Gott, und Gott jeden in seinem Dienst gebrauchen kann, ganz gleich, welche Vergangenheit er hat. Wer seinen unermüdlichen Einsatz kannte, begreift das Wort Jesu: „Wem viel vergeben ist, der liebt viel!" Haben Sie in Ihrem Leben noch unvergebene Schuld? Haben Sie Ihr Leben schon unter die Herrschaft Jesu gestellt? Er kann auch Ihr Leben neu gestalten. Auch wenn Sie noch nicht mit dem Gesetz in Konflikt gekommen sind, vor Gott sind Sie ein Sünder und im Grunde nicht besser als ein Krimineller, denn Gott hat andere Maßstäbe. Er weiß auch das Verborgene. Bei ihm gibt es nur Begnadigte — das sind die, die sich ihm übergeben haben — oder solche, die dazu zu stolz sind und deshalb in ihrer Gottlosigkeit umkommen, auch wenn sie fromme Worte auf den Lippen tragen.

Wolfgang Heiner

WEITERE BÜCHER VON WOLFGANG DYCK:

Vom Knast zur Kanzel
— Das Leben des Wolfgang Dyck —

Aus Notizen, Tonbandaufzeichnungen und persönlichen Erinnerungen zusammengestellt und bearbeitet von Wolfgang Bühne.

TELOS-Taschenbuch 176, 93 Seiten

Diese ungewöhnliche Lebensgeschichte eines Christen ist der Beweis, daß es bei Gott keine unmöglichen Fälle gibt.

Der große Auftrag

Aus Predigten über den Missionsbefehl
zusammengestellt und bearbeitet von Wolfgang Bühne

TELOS-Taschenbuch 5013, 44 Seiten

Zur Erfüllung des Missionsauftrages Jesu zeigt Dyck in seiner originellen Ausdrucksweise praktisch missionarische Möglichkeiten.